第八十個春天

— 魯竹十四行

魯　竹著

文史哲詩叢

文史哲出版社印行

國家圖書館出版品預行編目資料

第八十個春天：魯竹十四行 / 魯竹著. -- 初
版 -- 臺北市：文史哲, 民 102.11
頁; 公分（文史哲詩叢；114）
ISBN 978-986-314-154-9（平裝）

851.486　　　102013084

文史哲詩叢 114

第八十個春天

—魯竹十四行

著者：魯竹
出版者：文史哲出版社
http:// www.lapen.com.tw
e-mail：lapen@ms74.hinet.net
登記證字號：行政院新聞局版臺業字五三三七號
發行人：彭正雄
發行所：文史哲出版社
印刷者：文史哲出版社
臺北市羅斯福路一段七十二巷四號
郵政劃撥帳號：一六一八〇一七五
電話886-2-23511028・傳真886-2-23965656

定價新臺幣二八〇元

中華民國一〇二年（2013）十一月初版

ISBN 978-986-314-154-9　　09114

第八十個春天：魯竹十四行

目次

虛心十四行

魯竹十四行……一二七

談心十四行

夢非夢

魯竹十四行
是異類　創新
散文傳記十四行
神話小說十四行

小說是昨天的故事
散文有今天的新聞
新詩是明天的希望

談心激情
感悟共鳴

取捨跫音
單行長歌　凝思
不孤寂
和唱風雲
詩是思絲

雪思

冬下了翩翩雪葉
怨秋風掃黃葉
在樹上
迎接新春的希望

冬下了層層白雪
怕河床乾涸
在河畔
掩蓋秋水的留痕

冬下了厚厚冰雪

讓飛瀑冬眠
在山頂
埋葬轟雷的諾言

冬下了絲絲雪思
任靈思飛翔
在心中
讓你寫耐寒的詩

柯羅拉多高原
鮮文學網／魯竹詩苑　二〇〇一、一二、八

五四

五四　能無思？
五四　台北，陰偶晴

醉風下
政客變臉
議壇亂紛紛
詮釋不了意象

內容失血　臉色變
街頭吶喊　廣告
暴行佔領議會

霸道自由山寨民主
德先生賽先生無能
有勞　勞先生何在
五四　能無思？
五四　能無詩？！

二〇一四、五、四

清官

以金陵梅花葬你
科技的天使
在晶圓片脫胎
科學園換骨的年代

以寶島蘭花祭你
經濟的推手
在南下失常
西進難免的關頭

以新種薔薇供你

創投的教父
在新竹　在中關村
打贏了突破的仗
即使島嶼還在辯証
戒急用忍的懸

註：六月十六日北美科技界華人追悼李國鼎。

追思　吳大猷

以物理寫詩　領導研究
以常識行事　為人間立心
以童真待人　為社會樹風
以建言問政　為萬世開太平

你的成就　不需要金牌光環
你有諾貝爾然的學生為你傳薪
個人駕駛認路偶有糊塗
科學指導方向絕對正確
你打橋牌是為了有零嘴
你反對核武是為了後代

你是理論物理之父
你是華人的驕傲
你以物理加上人情味兒寫詩
在最最需要常識的人間

二〇一〇、四、一三

寧靜

江南才女
淡泊明志
負笈海外
不忘故鄉情
從貝他衰變實驗
到鈷六十極化
率先實證
李理論

諾貝爾獎推手
客廳茶几擺設

花蓮大理石
花旗自來水養著
南京雨花台紅石
百年了的寧靜致遠

柯羅拉多高原
魯竹／Luzhu　二〇一二、六、二四
——紀念吳健雄百年冥誕

狼之飛翔 一

紀弦（1912-2013）

飛了散步的魚　飛了
獨步之狼　飛了
那煙斗銀柄烏木枴杖
瘦長的"檳榔樹"飛了
祁門紅茶　飛了
那美酒第二杯第三杯

別了楊州上海台北
別了聖馬太奧老人公寓

飛了摘星少年獨步之狼
記得"從山中步出／撿到
一枚蟬蛻／卻未聞蟬鳴／／
入山復出山／本來就不為什麼……"

狼之飛翔　二

人間醉狼
不是北極犬
不是曰耳曼警犬
你是浪漫的狼
愛白相的狼
愛裸女的狼

嗥聲不分現代詩與散文
只要高興醉狼獨步行空

帶上你的畫筆酒杯煙斗飛吧

有鍾鼎文吳奔星等知己陪你
酩酊？　不再親嘴拌嘴
留下四度空間與你的相對論
讓年輕人去舐去咬去感去悟
飛了　風流的超現實醉狼

柯羅拉多高原
魯竹／Luzhu　二〇一三、七、二七

羽化

栩栩蝴蝶飛了
難得逍遙夢遊
難得跨世紀道骨
無我靜坐習禪

菩提樹下
思索人與人人
小我與大我

”且雪中取火
且鑄雪為火“

孤獨國王羽化
還魂草上有露珠
草色凝碧
露珠吟詩
藍星閃爍

柯羅拉多高原
魯竹／Luzhu 二〇一四、五、二
——紀念周公夢蝶

沒線的風箏 一

悼 吳望堯（1932-2008）

一個沒線的風箏
熱愛鄉土的詩者
「可以興，可以觀，
可以群，可以怨」的
鬼才

來自東方的
君子之國

一顆藍星
隕落在七月
「割斷三寸的時間
白髮的君子去自南山……」
記得四方城裏的中國人
你從秋天去
仍從秋天來

沒線的風箏 二

沒線的風箏
出生在東陽
詩作在台北
曾為西貢人
風箏飛南美

熱心不忘詩歌
創作寫太空寫海底
寫小詩寫長詩
創業有成熱心慈善

捐詩獎獎勵創作
「走完了空間的路
一個指數指引我歸去」
安息吧　巴雷
藍色無線的風箏

柯羅拉多高原
二〇〇八、十、二

他……沒醉

第十九瓶啤酒

下海　撈月
李白　舞劍
在東山
春夏秋冬

龐德
操練　天兵
補零度C裂隙
那青空　臭氧層

天窗
聖嬰現象
再來一瓶
青島啤酒　還是
半瓶金門高粱
半瓶強尼走路

註：戲和【李白廣場】詩友紫鵑新作「第十八瓶啤酒」。
展貼在【詩路塗鴉區】二〇〇一年六月三十日

沒有黑夜的仲夏

黑夜渡假了
星子和月兒淡出夜幕
沒有黑夜的仲夏
不用打燈的季節，在阿拉斯加

拂曉緊吻著黃昏
你和我盡情享受
陽光，那寒冬萎縮的督光
在地平線上挑情的太陽

仲夏夜的棒球賽

BBQ 燒烤宵夜之後
尋夢在窗帘深垂下
今夜，天太亮了
明天天還是藍的，沒有戰爭
這是不落日的阿拉斯加

二〇〇一、七、四

兩個爹

八十老青年有
九十四的爹

他在台北盆地石牌
我在柯羅拉多高原

我要飛回島嶼
陪他走最後的行程

曾有個一〇二歲的爹
他背著黑五類走了

那時候我在大四
沒在他身傍

我要飛回去
陪癌症末期的他
陪他走最後一段路
我要我要……

柯羅拉多高原
魯竹／Luzhu　二〇一三、六、一六

零和壹遊戲 一

情
是零和壹的
距離

知音
取捨
1001

牽手
1　　　1
有緣人間

來電

分手

0　　0

飛上雲間

開機　開機

柯羅拉多高原

魯竹／Luzhu r　二〇一二、四、一八

零和壹遊戲 二

雲遊未歸
或是電池斷路
錯失交流
機會

請留言：
談心　按1
開心　按2
關心　按3
信心　按4

放心　按5
煩心　按6
傷心　按7
我將盡快以適切心情
回覆

虛心十四行

虛心　一

廣場
人來人往
上街頭
靜坐　散步
嗆聲　示威

廣場
花開花謝
望春風
口號
標語　廣告

黑白
影子
隱喻
在天亮之前

柯羅拉多高原
魯竹／Luzhu　二〇一二、九、二三

虛心二

鳥兒飛躍
在春花綻放
的季節

呼吸青春
走出孤寂

情人們
來來去去
踏青
迎春

請人們
寫詩
在春光美境

"sweet spring is your
time is my time is our
time for springtime is lovetime
and viva sweet love"

e. e. cummings

柯羅拉多高原
魯竹／Luzhu 二〇一三、三、一九

虛心 三

愛　要不要契約
愛是心靈交感

愛　不是政治
政治需要契約
那是防防小人玩
權勢游戲

愛　不要簽名蓋章
國際法是權勢較勁
看斡旋隱喻之藝術

詮釋修正之空間

儂我的愛
不需要契約

愛　是鳥語
愛　是不褪色的彩繪

柯羅拉多高原
二〇〇三、二、一九

註：聽說台北有新結婚証書問世，契約詳細規划財產所有分配、住所、子女教養外「還注明家務分配，誰洗碗掃地等瑣事」有感。

愛心　一

望春風
迎春風

愛不恐怖
不要拒絕
愛　真愛
愛之善

不要拒絕
春風

識緣
準備迎春
來匆匆
去匆匆

愛
在心中

柯羅拉多高原
魯竹／Luzhu　二〇一三、三、十

愛心二

春風　春風
難言
風水氛圍
風向未定
外加時差
風風吹風
節奏
人有風格

難識風情
風有意
情有鍾
愛　行動
不透明
人　難如意

柯羅拉多高原二稿
魯竹／Luzhu　二〇一三、三、十

愛心　三

愛無忌
在緣份

愛有情
在心境

愛有思
在靈性

愛有感
在真誠

似春風
如流水

似陽光
如星月

愛在生活
在識悟

柯羅拉多高原
魯竹／Luzhu　二〇一三、三、一三

詩化

花旗國慶
高原地上
野火了的
煙火
七月四日不再放
煙花

花旗國慶
平原天上
颳著龍捲的
野風

七月四日不再
風光
沒有鞭炮沒有電　沒有
煙花　詩化不了的夢屋

柯羅拉多高原
魯竹／Luzhu　二〇一二、七、五

七七

七七
浪漫七七
橋上橋下的
故事

記得
月下橋畔
了不了的
情意

七七

感懷七七
下崗下海的
故事
橋上獅子　幾只記得
流浪顛沛發跡的往事

柯羅拉多高原
魯竹／Luzhu　二〇一二、七、七

離島垃圾

世界最大的遺物招領站
最大的垃圾分析處理所
有最臭最不衛生的垃圾
是人造的最毒的垃圾

最昂貴的垃圾四個月來
拖了百萬車次到離島
六十萬噸的垃圾
是人間最傷心的垃圾

不那天使那救火員警察

那親人的遺物殘骸
在史塔瞪島的海埔新生地
篩選分類歸檔
排著隊被檢閱
撿骨

註：取材自 C-CPAN 電視台報導 020114，記者訪問紐約史塔登島，世界貿易中心遺物處理所，三百多名義工在刑察督導，處理被怪手推土机挖出的瓦礫殘骸現場紀錄。

毋忘我

從阿拉自家人
呵！阿拉斯加
愛斯基摩人

不怕冷彈呀彈
從鯨皮圓氈抖上天
阿拉自家人

讓出最暖鋪位
讓遠方「老鄉」睡
在冰天雪地的

精巧雪磚屋
呵！阿拉斯加
藍花藍夢
阿拉自家人
毋忘我

激情 一

0與1

探戈

心與靈

探戈

知音

取捨

1001

牽手

11

有緣人
來電
分手
00
飛上雲間
開機關機

柯羅拉多高原
魯竹／Luzhu 二〇一二、四、一八

激情二

親一親
輕輕地
似羽毛

在水潺潺
兩只天鵝
嬉水

一道光
一個夢

Two Kisses

“I wear your kiss like a feather
Laid upoen my cheek
While I walk the path where the river
Suggests suggests....

Between two sailing swans, a light
Stretches on waves, as on your check
That other kiss - my life
Waiting for your life to speak

—— Stenphen Spender

激情
你的漣漪

柯羅拉多高原
魯竹／Luzhu　二〇一三、三、一七

禮物

愛
不透明的
禮物

激情
在霧樣的
氛圍

交流在
在時差的
座標

無條件的
奉獻
遲來的
感恩
他吻了他父親

柯羅拉多高原
魯竹／Luzhu　二〇一三、三、一三

窗外有風鈴

雪掛在風鈴
鈴聲丁零
冰掛上風鈴
鈴聲叮鈴

緣掛在風鈴
鈴聲丁靈
心掛在風鈴
鈴聲叮嚀

望春風

風和叮鈴不丁零
詩風起
叮嚀丁靈叮鈴

虛擬莫內 一

白雲夢紅荷
翠湖扁舟霧朦朧
老幹抱新枝

秋荷已凋零
田田葉莖湖半眠
蓮藕盼夏風

虛擬莫內　二

教堂有故事
季節光照畫異象
投影在心情

不同的座標
不同結構挑線條
情在望春風

柯羅拉多高原
二〇〇一、一二、一一

談心 一

手上一把刀
拔刀相助
刀口割瘤
去病化災

心中一把刀
拔刀相助
刀背濟世
不霸道

歧視假情報

愛心除腐朽
良醫良相
用刀不在自我作秀
在春風
在和諧

談心 二

酒不醉人
人自醉

難得與知已
交杯品詩

半醉半仙
半夢詩情

酒酒醇香
詩詩真言

乾乾杯
盡量盡興
隨隨意

半杯觀性格
半詩見內容
半醉有真情

與青苗談心

堅持所謂的原則
不愛與機器說話
掛電話也不留話

不愛手機
不怕留話
怕流言亂碼

記不得眾多密碼
轉來轉去麻煩

你我都不是機器人
不説機器人話

能塗鴉交流就好
難得上網切磋
難得有知音
留話在亂碼網上

柯羅拉多高原
魯竹／Luzhu 二〇〇七、一、二七

手機情 60

預言幻夢不了的高速公路
新車新駕駛的模樣
預言了不了的駕駛規則
飆車者的遊戲心態

油商政客牽手了的美夢廣告
辯證不了的真假情報
許是華爾街有人投機石油
從$60 到$130 向$200 一桶挺進
模擬油井打到了底

許是市場供需不平迷了路
我說只要你我都不開汽車不燒汽油
你我改搭公車電車或改騎腳踏車
預言油价肯定跌回到六十美金一桶
金鼠說預言美夢信不信由你

柯羅拉多高原
二〇〇八、六、二六

春風

正名了不了去中國
意識了的「凍蒜」
媽祖了的選票
情結證明了去中國

政客四年變戲法
抬轎的變不出花樣
戴扁帽的還望春風
春風了的綠草坪

拜媽祖求神佑

草根了的選民
政客偽善虔誠
玩發票鈔票選票遊戲

金豬說佛在金裝
抱佛腳正名不了籤語詩

柯羅拉多高原
魯竹／Luzhu 二〇〇七、三、三一

立春

冬霧冰雪季節
你說莫讓情感凍結
該讓憂傷度假

回憶長巷中有你
的諾言
不長的足跡
長長的思維

一年之計在於春
你忘不了往年

忘年之交
年年計不計劃
望春風
春春到人間
春計划在心中

柯羅拉多高原
魯竹／Luzhu 二〇〇七、二、四

關心十四行

金牌一

岳飛了不了的
政治金牌
奧運了不了的
經濟金牌
有人一生得不到
一塊金牌
有人一生可得到
十二塊金牌

政治金牌
競爭了不了的
經濟金牌

經濟政治了的
人治
誰　誰能說明白

柯羅拉多高原
魯竹／Luzhu　二〇一二、八、五

金牌 二

政客明星無知
難得群眾有知
自由民主無情
難得識者有情

冠軍謊言
金牌謊言
競爭串連冠軍
禁藥了的金牌

人造金牌

口水預言
廣告謊言
誇世紀的
故事　誰
誰能說明白

柯羅拉多高原
魯竹／Luzhu　二〇一三、一、一六

與年有關

和江蘇錢雪冰詩作

一付付牌局
在出牌扣牌
一付付棋局
在定石佈局
局勢輪迴
能者審情度勢

年年變局
積雪塵暴
有人掃雪
有人撣塵

年年洗牌
借債渡年
還債過年
在取捨識先機

二〇二三、一、二〇

回憶錄一

說謊言小謊言是
謊言大謊言是謊言
一百萬小謊言有謊言

回憶錄是回憶錄
回憶上萬難免失憶
一百萬小謊言有失憶
失憶不是詩意

回憶錄是不是小說
小謊言是不是大謊言

作者出版商推薦人
各自表述立場意見

回憶錄有謊言
失憶謊言難得有詩意
誰誰在塗謊言

註：新聞報導全美暢銷書《一百萬小謊言》內容有誠信風波。

柯羅拉多高原
魯竹／Luzhu 二〇〇六、一、一四

回憶錄　二

難得政客說真話
難得官僚說真話
難得白宮發言人說真話

五角牛仔霸道自由
在假情報了的廣告氛圍
打造恐怖打造傀儡打油井

這是政治謊言猖獗的年代
難得辯證情報真真假假

臺上政客謊言官僚圓謊
幾多政客憑良心説真話
難得白宮發言人平反自己
下臺之後終于説真話
難得臺上台下政客都説真話
希望退休官僚政客回憶錄説真話

柯羅拉多高原
魯竹／Luzhu 二〇〇八、六、一

回憶錄 三

皇軍約翰牛與五角牛仔
政客霸道自由人造海嘯

辯證不了姓資的姓社的
不透明金融數字情報

花旗了不了市場數字
米字旂了不了的數字
紅丸旂不了的數字
紅旗了的市場數字

數字了的政治經濟
數字了的市場景氣
數字了不了的百姓心情
地球村能不能不發燒

柯羅拉多高原
魯竹／Luzhu 二〇〇九、五、一一

知不知道

我們都知道
地球村有牛仔當家的花旗國
有些事我們知道
人造沙塵暴的恐怖
有些事我們知道我們已經知道
9/11 瘋鷹作孽人造廢墟寡婦孤兒
我們并不知道
上帝帝國意識會使禿鷹遠征沙漠亂下蛋
我們知道的有些事情其實我們并不知道
政治經濟假情報和競選總統策略

但我們并不知道有些事情我們不知道
文化隔閡种族歧視和人間仇恨如此地深
那些我們不知道的事情我們真的是不知道
戰爭是如此暴虐和平雖然脆弱還有希望

註：聽女高音E. Wall唱美國國防部長倫斯斐作詞，江寶仁作曲，'The Unknown',有感。（單句取材自英語歌詞）

柯羅拉多高原
二〇〇四、六、四

南京祭

不知道為什麼
冬天的夜長日短
太陽哭星墜
富士山地震
雲層厚月羞
神社牌位在顫抖
三千雙子星塔怨魂
搖著反恐怖風幡
誰說南京無愁

上億華夏子孫有怨
祭三十萬被皇軍屠殺的
冤魂使納粹／神學士
望塵莫及上世紀的遺作

冬天的夜很長很長

柯羅拉多高原　魯竹／Luzhu
二〇〇二、一二、一三
二〇〇六、一二、一二　二稿

情報

東京征服不了南京
片假名了的漢字
皇軍了的假情報
神社了的戰犯
正名不了的侵佔
證明終戰不了的抗議

以德不了報怨了
辯證官僚了的數字
抱怨不了的意識
囂張了的哈日

慰安婦了的賣春
紅丸旗旅遊在東南亞
情報不了的道德買單爭議

柯羅拉多高原
二〇〇八、三、一八

亂世 一

是命　是運　在亂世
花旗司法不平等
法官道歉了不了的
李文和

聯邦法庭了不了的
地方法庭了的
陳果仁

境外「自衛」綠營
牛仔霸凌華裔

充員戰士死傷冤案
軍事法庭不了了情

跨世結所謂的間諜　異類
膚色口音了不了的
花旗社交意識型態　在亂世

亂世二

愛國者走奧步
MIT　鎗聲
波城長跑爆破
牛仔欠個道歉

MIT　文明
污染文化
誰能說明白

人造百萬難民
人造垃圾風化

人造無辜傷亡
忘了人間愛心
仁義道德
望春風
政客欠個道歉

柯羅拉多高原
魯竹／Luzhu　二〇一二、四、一九

亂世 三

亂世　是是非非
政客卡位是非
教宗清高引退
政客高速公路
超速霸道
信徒被堵塞車
寅吃卯糧
交通警察無奈

是非　黑白
意識自我表述

未知　未來
黑煙　白煙
梵帝崗信徒
在引頸　觀望

柯羅拉多高原
魯竹／Luzhu 二〇一三、三、一二

亂世　四

寒冬關心
下一季的
氣象

春天關心
一年的
風水

政客口水
包裝意識
官僚媒體

廣告自我

因循躊躇
十字路口
選民祈禱
春風如意

柯羅拉多高原稿
魯竹／Luzhu 二〇一三、三、一五

亂世 五

天上人間
變 變 變

天上神話
不平等
人間故事
上雲端

修女思凡
教庭官僚
教宗告老

引退

新教宗

菩薩心腸

尋思

變　變　變

柯羅拉多高原

魯竹／Luzhu　二〇一三、三、一三

亂世 六

春到人間
未到歐盟島國銀行
未到加州史答克頓
未到寶島電視螢幕

政客口水
辯証未知預算
媒體廣告無聊

倒　倒　倒
銀行不能倒

市政府不能倒
貪官倒老闆不能倒

良商　清官
難能可貴
人民未知春在何處

柯羅拉多高原
魯竹／Luzhu 二〇一三、四、二

亂世　七

西風　邪風
民主積習
霸道自由
特權橫行
貪污腐化
官商舞弊
綠總統被判有罪
夫人收賄無罪

藍總統清廉無罪
親信收賄有罪

人頭　空殼太極公司
人情　圍標雙子星

關係利名分配不平等
清廉無罪貪污有罪

柯羅拉多高原
魯竹／Luzhu　二〇一三、四、三

漁一

野風吹
東海潮
潮無常
東京首相拜神社
東條幽魂不散
野火燒
恨東洋
台上台下

南京怨

浪淘沙
微觀不了
的宏觀

誰在導演
誰是漁翁

柯羅拉多高原
魯竹／Luzhu　二〇一二、八、二六

漁二

星旗　膏藥旗
二戰　沙漠星戰
不甘寂寞
軍火商　油商
打造星戰

南京不能視漠
大屠殺　慰安婦
東京霸道
主權　人權

油商　軍火商
境外打油井
美曰安保合約
不甘寂寞
在亂世

柯羅拉多高原
魯竹／Luzhu　二〇一二、八、二九

漁 三

政客學漁事
似玩兒戲

大小政客
帶老少政客
各有版本
玩游戲

有錢的
玩單演
有勢的

玩廣告游戲
沒錢的
玩水戰
一場場
按劇本演出

柯羅垃多高原
魯竹／Luzhu 二〇一二、九、二五

魯竹十四行

魯竹一

魯竹十四行
不是他/她的十四行

魯竹十四行
不是百年前的十四行
不是英式的
不是意式的

魯竹十四行
是中式的
是創新的

是蛻變的

從 BBS 雙子星 李白廣場　水雲間　詩樂園　心情客棧
詩路　逗陣　明日報　鮮文學　優秀文學網　靈石島
到 吹鼓吹詩論壇　魯竹e-詩展　谷歌論壇　零疆界風笛
新浪　隱匿的馬戲班　空間了不了的十四個春秋詩情

柯羅拉多高原
魯竹／Luzhu 二〇一二、六、二四

魯竹二

魯竹十四行
行行有意
意在題外

十四根竹子
根根有情
情抒故事

每根竹子
節節言志
志在風格

竹笛 風笛
節節靈語
通知音

春風下
風笛有詩

柯羅拉多高原
魯竹／Luzhu 二〇一三、一、二七

魯竹 三

竹竹有思
有語言
在內容

竹有意
有意象
在虛實

竹竹有情
竹有情感
在生活

竹有生命
竹有命理
在知識

知行動
識風向

柯羅拉多高原
魯竹／Luzhu　二〇一三、一、二八

魯竹　四

魯竹十四行
是遠見

極目　遠見
穿越　雲端

觀外景的人
入夢
察內心的人
清醒

"Your vision will became clear only
when you look into your heart.
Who looks outside, dreams;
who looks inside, awakes."
— Carl Jung

遠見有思
十四行思維

柯羅拉多高原二稿

魯竹／Luzhu 二〇一三、三、一〇

魯竹

五

詩　　詩
不饒舌
不強辯
也不沈默

不嘮叨
也不喃喃

詩　　詩
不漫步於
拖泥帶水中

'The well-bred poem is neither
loquacious not reticent,
neither garrulous nor muttering.'
—— Jill Alexander Assbaum

詩道
歸自然

柯羅拉多高原
魯竹／Luzhu　二〇一三、三、七

魯竹 六

主題　無奈
的晦澀

穿越　無情
的世紀

隱喻　無聊
的意識

爭議　無知
的時空

軍火商了的
亮劍

東海　南海
漁客　探打
油井了不了
的境外塗鴉

魯竹七

新春雅敘
即興賦
難得海外
不忽悠
迎春
和詩
不期來
詩路靈蕊

應時開
遙念江南
梅蘭竹
茶詩
　　綠紅
　　　黑白杯
——茶有綠茶紅茶黑茶白茶

柯羅多高原
魯竹／Luzhu　二〇一三、二、二一

魯竹

八

小雅等長大
自然會明白
外公為何塗鴉
潑墨十四行

分析假情報
感懷剖理十二行
等你長大
琢磨隱喻
辯證善惡是非
在有限的空白

截長補短
領悟教訓
不至於斷章取義
不斷走冤枉路

柯羅拉多高原
二〇〇八、七、八

魯竹

九

人性
自然

圍爐
高原
雪中取暖
暖酒引思

率性
乾杯

"What does is matter what you say about people.
"People in rooms drinking tea, drinking wine
in the same room and outdoor ..
"A man asks a man for change with a cup."

— Bob Hilcok

盡興

入夢　有詩

——讀Bob Hicok〈Seven Poems〉有感

柯羅拉多高原

魯竹／Luzhu　二〇一三、三、八

魯竹 十

政客非詩人
在遠見
在境界

學者當官僚
不識風向
誤眼界

政客入世戲文
難得文心
在意象

學者罷官出世
政客變騷客
在識悟

悟道　修心
詩在內容在意境

柯羅拉多高原
魯竹／Luzhu 二〇一三、一、二四

七號地鐵

不能放風箏
在曼哈頓地層下

愛放風箏的東方人
讓七號地鐵衝出
地層奔向青空
直通法拉盛
心繫未斷線的風箏
在高架鐵道上
琢磨一個簡單音符

在未迷失的方向
讓
夢
高高掛在
青空

註一：紐約七號地鐵是從曼哈頓到新華埠皇后區法拉盛的專線，築于起站時報廣場的底層。

註二：法拉盛是追逐美國夢的新僑集居地，有小香港、小台北、小上海、小漢城之稱。

地遁

地下不能飛
放風箏
地下有地道
設迷陣

紐約地道
四通八達
學放風爭
怎比得上
上海地道

後來居上
放長線
京蘇杭甬
早出晚歸
地盡其利

柯羅拉多高原
魯竹／Luzhu　二〇一三、八、一三

倫敦一

退休逍遙
七十猶有欲
沙皇邀請丱冶金師
探勘黑金黃金資源

直航英倫
飛越浪漫的倫敦橋

衛斯丁敏士特教堂
古堡皇宮收在眼下

先對格林威治時間
再對大笨鐘 Big Ben 長短針
下榻四星世紀旅館
Gloucester 路站
經 Bond 街搭地鐵（註）
到 Leicester 廣場

註：約翰牛叫 Underground Tube

倫敦 二

上中國城飲茶後
看白金漢宮門前
紅衣禁衛軍換崗

海德公園肥皂箱上
自由發表繆見趣逗
沙士平原史前巨石柱

中午星洲便餐
每人十六英鎊
十年河東河西

美金又在貶值
訪莎士比亞草廬
探牛津劍橋學風
不落日王朝的驕傲
在歷史博物館櫥窗中

倫敦　三

倫敦多博物館
大英博物館展覽戰利品
埃及木乃伊
砸了鼻子的希臘神像
羅馬藝術品
八國聯軍火燒圓明園
搶劫的故宮珍藏
絕版的線裝書

逛了鐘錶玩具博物館
逛了鋼鐵橋梁博物館

逛不了火車飛機博物館
自然科學人文博物館
展覽大英帝國的歷史顯露
好奇野心自我佔有人性世情

柯羅拉多高原
二〇〇六、五、二九

松浪

秋聲葉聲風聲
人聲松聲浪聲

姓資的姓社的股東
自由霸道不了的文明

辯證人治法治
律師議員政客競爭
「凍蒜」蒜園領導
新約舊約挑戰金剛經

意識工程司競爭
設計包容集體領導
辯證東西文化

美金挑戰人民幣
沒勁挑戰金融制度
百姓在望平等春風

柯羅拉多高原
魯竹／Luzhu 二〇〇八、一一、七

心笛（讀紐約樓客後有感）

風是東風
取經的風
經史子集的雨

風是西風
游子的風
經濟科技的雨

人學兩棲動物
自由民主難平等

丈量台上台下
真假虛實風風雨雨

謎似貝殼上灘
光彩褪色追思
是非黑白笛笛
謎猜心情思絲

柯羅拉多高原
魯竹／Luzhu　二〇一三、五、一三

如果一

不颳風
風化不了
政客謊言

不打油井在境外
不打游擊在沙漠
玫瑰刺不刺仙人掌
沒自殺炸彈囂張

不風沒災民
不戰爭沒難民

如果沒韓戰越戰
沒沙漠星戰

沒軍火商游説
不戰爭不颳風
春天就是春天

如果 二

不是戰爭的
季節

春天
不要恐怖
不要霸道
不要造反

春風
不枝頭
萌芽

春雨
潤大地
春筍
引跫音
鳥語花香
是和鳴季節

柯羅拉多高原
魯竹／Luzhu 二〇一三、五、二

如意

西風下
難得人如意
童話不了的
廣告
神話不了的
謊言
銀行公司債
列國公債
了不了的

借債還債

寅吃卯糧
誰來還債
如何還債
難得人如意西風下

悵賬

有算不清的賬漲悵
在這虛擬情感的經濟
哪個會計師不做假賬
在這模擬股價的市場

政客為凍蒜做假賬
學生為成績做假賬
情敵為鵲橋做假賬
老董為股東會議做假賬

失業的呆賬官僚有的是爛賬

興建帝國做假賬傀儡做假賬
春天作了假賬秋天怎能收賬
欲知歷史上有多少假賬
莫在網路上做虛偽的賬
虛擬的假賬漲悵賬

詩是思絲系列
二〇〇二、八、一六

清明

四月有兩個紀念日
東方清明節之後
西方復活節

在春雨紛紛下
從看風水掃祖墳
到守齋慶生復活
追思靈魂

不同的希望
希望子孫興榮

希望救世主重生

海嘯地震火山爆發
外加人造沙塵暴
人間無常風水情報
你在那個方位

柯羅拉多高原
魯竹／Luzhu　二〇〇九、四、九

跨世紀的緣

藍星白馬
北極星非馬
駝峰北極光
閃爍閃爍

風笛合奏
有緣麗清育梅
詩畫含香登音
華夏現代詩飈
在四海五洲

引思
播種
崩芽
綻放

柯羅拉多高原
魯竹／Luzhu 二〇一三、六、一五

統計

紅綠黑白
廣告　風向　風景
模擬風光

數字　曲線
上下　左右前後
探測　風雲

數字詮釋
價值　成本　風險

解讀多頭　空頭
預算美金
有沒勁
預言口水了的
華爾街泡沫
市場

柯羅拉多高原
魯竹／Luzhu　二〇一三、六、五

感恩節

戰爭是否到了尾聲
政客仍在預支兑現不了
的諾言

梅西遊行　紐約三百萬人
在寒風中觀希望
奇跡提前來到
跳繩隊男女不斷跳繩
形形式式卡通
高高矮矮圖騰

大大小小的氣球
意識表態
印地安人與火雞
在希望希望
春風

柯羅拉多高原
魯竹／Luzhu 二〇一三

意識

高山仰止
教訓由你
氣壓下
忍　不忍

樹不斷　成長
山不轉　水曲
多少春秋之後
驀然識基因

爸爸性格強弱
兒子無奈
不得不成熟

難得淡定
忍　不忍
樹欲靜風不停

柯羅拉多高原
魯竹／Luzhu　二〇一四、四、一二

落實

糊塗不糊塗
潺潺汨江流
一部楚辭多少奏鳴
一部離騷多少悲壯

一條綠水悠悠
幾億隻黃色棕子
幾萬艘彩色龍舟

一場血色沙灘登陸
幾十萬無名生靈

幾場黑色沙漠星戰
幾百萬難民流浪

綠色廣場之春
落實幾多血色帳篷
落實幾多不糊塗

柯羅拉多高原
魯竹／Luzhu 二〇一四、六、四

世界盃足球

一

綠草地球場
九十分鐘競賽
每人平均奔跑
十公里追皮球

運球盤球截球
劍球角球頂球
難得射球機會

門前罰球越位
判球論球
誰有十分把握

爭議不了的公平
無常了的意外
誰能不犯錯失
足球好似人生

二

四年一度世界盃
全世界球迷
瘋狂在　南非

記得一甲子前
在弄堂踢小洋皮球
那永字商標足球
李惠堂是我們英雄

放學後
兩個書包成球門
一人守門一人射球
人多背後再放兩書包
成六人或八人球場
弄堂是我們運動天堂
不管輸贏得失多逍遙

二〇一〇、七、一一

三

是殘酷是遺憾是現實
一個月內32隊淘汰賽
全世界萬名記者追逐
老將新秀灰姑娘故事

多少苦練多少合作
多少失誤功虧一簣
多少妙傳扣門得分
多少歡笑多少眼淚

錦標一直是歐美天下
電視廣告授權了不了

的歐美遊戲　亞非
尚需努力競爭　誰無
意外　黃牌　紅牌
在地球是不平的環境

四

五角牛仔霸道了不了
的沙漠星戰　了不了
失血了的美金
沒勁競爭世界盃足球
入圍賽　一而再
經濟大國連續

八年內輸球 1:2 給
人口少九成的小國

足球講究實力　培訓
技術　教練領導
球迷支持　傳統鬥志

足球賽似市場風波
似人生博弈了不了
的意外與不意外

柯羅拉多高原
二〇一〇、七、一六

世界盃足球決賽

散曲《山坡羊》試和
加州遠方與德州于中兩詩家

足球冠軍，誰說不愛？
荷西爭奪競標賽。
念三毛，話看臺，
曲終人散詩情待。
意外射門文思開。
贏，西精彩；
輸，荷喝彩。

二〇一〇、七、一七　柯羅拉多高原初稿

附錄二：

加州☆遠方《山坡羊》散曲

看世界盃決賽

賭盤誰大，章魚孰愛？
荷西對決今開賽。
空城街，滿看台，
一腔熱血各期待。
球藝無倫眼界開。
贏，我喝采；
輸，我喝采。
章魚不改，曲終人愛！
西班牙冠荷蘭賽。
勝杯來，飲歌台，
四年之後巴西待。

八爪榮休心智開。
贏，放異采；
輸，也喝采。

休士頓☆于中散曲奉和
中呂《山坡羊》
曲終人散
唱和遠方散曲《山坡羊》看世界盃決賽
二〇一〇、七、一三寫於休士頓